Sobre la lluvia

Sobre la lluvia

Michelle Ondrušová

TEXTOS
Michelle Ondrušová

PORTADA
Lily Vainylla (@lilyvainylla_)

MAQUETACIÓN
Andrea Gómez Expósito

NÚMERO DE EDICIÓN
Primera

EDICIÓN
Postdata Ediciones

ISBN
978-84-19411-79-2

DEPÓSITO LEGAL
V-1619-2024

A Sofía

La lluvia nunca empieza siendo lluvia.

PRIMERA PARTE

La lluvia sin ti era sólo agua.

Serví una copa
y no creía que pudiera llenarse el vaso, el de dentro de mí
no importaba cuánto aire pudiera inhalar hasta
sentir que mis pulmones no se extendieran más
seguía sin ser suficiente.

Solían decirme que siempre veo el vaso medio
vacío
no hay río suficiente para llenarlo
un alma insaciable de sed, de tristeza que no llora
ni siquiera para llenarlo.

Llora; llorar es agua, agua es vida
vida es alegría

o eso dicen.

No escuchaba

porque no eran más que quimeras;
                       porque de verdad ella me quería
como quiere el torrente,
                 en un vaivén de emociones, rotas
traslúcidas
               otras veces, oscurecidas por la desidia
de la luz del cielo.

Sí, ella me quería.

¿No?

Pensabas que era estúpida por preguntarte,
cuando veías que no cabía más tiempo en las agujas de
su reloj;
no, para mí no
no para mi mayor miedo
el de perder el tiempo queriendo amar
a alguien que solo quería salir al parque
a jugar con los caracoles y
soltarme la mano
a la mínima que un niño se acercaba a su lado.

Nefelíbata
pude ser,
y en un arrebato, pensar
que en mis sueños ella pintaba
las alas de mariposas sin colores;

después de abrir los ojos
ya no podía volar más.

Lágrimas en las mejillas
sus palabras como jugo de limón
cebolla fresca recién cortada
y remolinos de viento danzando
alrededor de mis orejas
                    ruidosos
y una sola flor que permanece, dentro de una maceta vacía.

Más lágrimas y más lágrimas.

Kingtsugi;

era el arte de reconstruir mi corazón cada vez que alguien lo rompía.

Cuatro paredes vacías en la habitación
todavía escuchaba el eco
el que hacía su voz
guardada detrás de mis orejas.
Todavía sentía que si me marchaba de allí estaría arrojando
todos mis sueños desde un décimo piso.

Cuando en verdad fue ella la que voló
porque prefería un cielo antes que mi tierra
y deseaba desprenderse de la solidez
                                        aburrida.

Luces de neón, salir de una crisálida que era yo
confeti, sacudir las piedras hasta encontrar un fósil
uno con el que divertirse
para después arrojarlo al lago más lejano.

Como lo hizo conmigo.

No tiene nada que hacer
alguien que ha nacido para amar tan intensamente,
una persona hecha para recitar poemas a alguien que no
los escucha.
Nada puede hacer.

¿Me mirabas apenas?
Yo sí me veía en el espejo, solo a veces
solo cuando me daba cuenta de que esa era yo y no un
fantasma
o una desconocida con ojos tristes y expresión de
repugnancia.
Yo sí me veía, queriendo hacer callar las voces que no callan
cogía el martillo de mi cuello y lo hacía golpear hasta
quedarme sorda
cuando no había nadie en casa.

Qué desesperación, alguien que entrega el alma
y siempre se la retornan junto a la etiqueta de devolución
y el motivo: no me gusta cómo me queda.

El amor, uno que salía de una tarjeta de crédito
con forma de promesa
para ser reembolsado.

Un sonido; crack

cuando juntas pedazos de un corazón vacío
se va convirtiendo en una ceniza que entre todo el polvo
de un hogar
no podrías saber qué es amor y qué es partícula
partícula de lo que ya fue y se ha desintegrado.

Amor de un músculo que ya no existe, uno que fue
bombeando sangre fría y cada vez más llena de óxido
atascada
en un estrecho arroyo empedrado donde ya
no vive ni tan solo el musgo.

Juntar pedazos con unas manos llenas de agujeros,
disparos de palabras y abrazos artificiales
caricias rotas por la desidia y la codicia
aquella de poseer la vigilia de amantes
que desean ser amados.
Y nunca lo serán.

El mío era un corazón vacío, que suena como cristal
cuando cae antes de ser un cúmulo estelar
sobre un azulejo gris cemento.

Me dijeron
que mi cuerpo era un templo sagrado
no entiendo
entonces, por qué lo profané con violencia
                              hambruna
                              y sangre.

Confieso mis pecados.

Toda la esperanza
estaba maldita,
los lirios envejecían su color
cuando la tierra se removía, estaba seca.

No eran grises las nubes
porque tuviera que llover,
albergaban toda la ira guardada
en varios frascos de vidrio que rompían contra el suelo.
Y en la primera gota, yo miraba cómo los pájaros
perdían el norte al igual que mis pies
que andaban hacia el sur sin brújula, la de sus ojos mirando a
cualquier otra parte.

Quién me hubiera visto de espaldas, arrastrando
los zapatos
las pesadumbres
ojalá, pues nadie quería mirar nunca.

Jaula? Sí;
recuerdo cuando estaba atrapada
entre rayos del sol atravesando
el pequeño ventanal que daba al bosque
y miraba atónita los árboles
sintiendo cómo el amor era ese verde
que nunca podía tocar
pero sí verlo.

Qúe lejano, tan cerca.

Algunas veces aparecía

ese demonio tan adentro mío, rojizo
el que me susurraba cánticos de gloria y oda
al dolor debajo de las uñas y encima de las pieles
—arráncame si te atreves,
eso decía.

Mi vida

se suponía estar en mi cuerpo,
siendo mis alas ventanas rotas que intentaba reconstruir,
astilla tras astilla.

Escondían mis piernas una debilidad que calaba bien
tan dentro de los huesos y fibras,
y el músculo de mi corazón lleno de cobardía.
Sin voz suficiente para gritar, nada de aliento
—mamá quién soy yo
—dime quién soy porque no me reconozco
—ayuda.

Nunca lo pude decir.

Escucha yo

quería acurrucarme bajo un manto invisible
de un frío gélido que me hiciera sentir, viva

                                        fina capa
                                        protegida

erizando mi vello, naturaleza
acumulando cristales con forma de copo

                                        de nieve.

                    Una obra de arte, prisma hexagonal;
                              eso quería yo.

Cuando cerraba mis párpados

y la oscuridad podía por fin cogerme de la mano
caminaba con los ojos vendados en busca de esa luz,
la de la esfera de allí arriba que jugaba con los grises y
blancos.
La que sabía poner los puntos sobre las íes.

Sentía la esponjosidad de la hierba, eso me gustaba,
una tan jugosa que pisaba incluso cuando no sabía andar.
Me gustaba el aire, tan puro,
tan mío
tan nuestro.
El sonido del agua, bajando por las rocas
como estar en casa.

Lo almacenaba y guardaba en mi cabeza, detrás de las orejas
recuerdos sin minutos ni horas, recuerdos
donde no había ni una palabra dicha
consistía en mirar, mirar más allá.

Yo solía observar la luna, justo en medio de mi frente
porque sabía que otros la miraban
y estábamos cerca, debajo del mismo faro;
—Ay, soledad, dame la mano, porque salimos de paseo—
decía.

Taparon esas manos mi boca
que tan solo quería respirar.
                    y gritar.
Me ahogaba tanto, piel áspera
como lija de grano;
hasta quedar polvareda y nada más.

¿*Esas* manos?
Eran las mías.

Escuchaba

los cantos de las belugas, lejanos y perdidos en el océano,
un manto tan negro y espeso como el día que se fue.
Se ahogaron todas mis llamas, las que me mantenían en pie.
Se apagaron todas las luces, de lo que llamábamos guarida.

Y yo solo le pedí a mi cuerpo vacío:
—En este mar de frenesí, no ardas, sal de mis venas.

Era todo eso tan agridulce
cada gota que caía sobre las heridas de mis dedos.
Un líquido ámbar que se derramaba,
y escocía

demasiado.

Yo me relamía los labios,
y cerraba los ojos.

Cada pensamiento roto me arañaba la sien como un cristal
partido.
Estaba ciega, por un sabor tan dulce
y luego tan agrio.
Extendía los brazos de par en par
no me importaba nada
aunque tuviera muchísima sed.
Aunque estuviera deshidratada.

Tan ingenua.

Era la metrópoli
y era el trabajo, era la suciedad
en la tiniebla espesa
              alquitranada
              una mordaza
un cigarrillo pisoteado en el borde de la acera.
Mechero que prendía el fuego pero
apagaba la llama,
su rostro distorsionado en un charco
palabras que se atascaron en mi pecho y no conseguían salir.

Casi me ahogo.

No sabían nada de mí.
Se acumulaban los números dentro de una burbuja blanca
sus mensajes de texto.
Me perdí entre las luces,
miraba el techo de mi piso, blanquecino,
y no sentía nada.

Le pregunté a mi corazón por qué
tanto silencio y le pregunté a mi cabeza
por qué tanto ruido.
Recordaba cuando sonreír era fácil,
sintiendo mis manos
cogiéndome a mí misma, como acunan las madres.
Imposible hacerlo de nuevo.

Mecía a la tristeza,
decadente, oscura, como una mancha de tinta
o un cerrar de ojos.

Llegué a pensar que sería fantástico
cerrar los ojos y no volver a ver más.

Paso a paso

consumida entre las olas del tiempo y de la ciudad,
de las voces y las grietas del cielo.
Quería escapar para volver a pensar en alguien y en la poesía,
tumbarme sobre la hierba y sentirme devorada por el suelo
y la tierra
a punto, hasta llegar al centro
donde podía recordar cómo bailaban las hadas de fuego
donde podía arder el corazón,
prenderse astuto un deseo,
de seguir con vida, de seguir amando.

No sabía en qué pensar
a pesar de estar pensando siempre en todo.
Podían gritarme mil voces
hablarme desde centímetro cero
y aun así sentirme sola.

Todo ese dolor guardado debajo de mi piel
ondulado
asemejándose a la arena movida por el oleaje;
todo el mundo pensaba que aquello era arte.

Yo sabía, con certeza,
que tan solo era ruina.

Cuando miraba las nubes en el cielo
tan apagadas, que parecía que llovería a cántaros
pero no.
Cuando soplaba con fuerza un diente de león
tan blanquecino, que parecía que volarían cien pequeñas
flores por el aire
pero no.
Cuando remaba con fuerza a contraviento por el río
tan cristalino, que parecía que llegaría a mi destino
pero nunca.
Cuando le dedicaba mis horas y mi voz, de palabras y besos
tan sinceros, que parecía que se quedaría a mi lado
pero tampoco.

Así era, tantas veces que pareció
y no fue.

SEGUNDA PARTE

La lluvia contigo, es.

Cómo podría olvidarme
del día que por fin delante de mis ojos pude ver
aquello que tanto había deseado.
Aguanta, sentada sobre mis hombros toda la perpetuidad
de la existencia finita, qué irónico, ¿no?
Más lo fue encontrarte.

Abrázame hasta convertirnos en una, o dos, o cinco
abre de par en par las ventanas de toda la casa, que miren
que escuchen, que huelan
estás conmigo.

Y si nunca tuve fuerzas, y si mi ser yacía bajo ruinas
nunca te importó
cuando susurraba el encantamiento de las brujas negras
y balbuceaba frases carentes de sentido, más que un borracho
cuando yo no bebía ni agua, con el miedo de ahogarme
otra vez.
Tropezaste con una vagabunda, pidiendo limosna a
cualquiera
rogando que alguien le comprase una rosa llena de espinas
no por dinero,
más para liberar sus manos del dolor.
Nunca te molestó.

Quédate, porque contigo la lluvia suena
moja
pica los cristales, me humedece los labios
riega las flores y los árboles más viejos,
cuando antes era solo agua sucia
y, ahora, es vida.

Grabada en mi retina
tu silueta rosada
el cielo siempre me recuerda a ti.
Las sombras de las flores dibujan bocetos
borrosos sobre un celeste que degrada en naranjas
amarillos y ocres
fluyendo hacia tonalidades más rosadas
como el melocotón, el salmón
incluso morado.

Es totalmente indescriptible, a pesar de ser descrito.
Siempre que atardece.

El cielo me recuerda a ti.

Estaba la cumbre de la montaña
estaban allí todos nuestros te amo
estaba el viento acechando a todos ellos
estaban mis ganas
y tus manos callosas de sostener las regaderas.
Estaba mi pecho abierto repleto
de flores marchitas.

Estábamos nosotras, y tú
querías regarme
porque no llovía nunca.

Existe un refugio al que llamas tu pecho
donde yo descanso en las noches de hielo
y guardo cientos y cientos y cientos de cuentos alegres.
Y tú me los cuentas
hasta que yo ya no sé quién es la luna
ni quién es la bruja, o el león, y la oveja.

Así es cómo me duermo, aislada en mi refugio.

Es tan increíble lo lento que puede pasar, a veces, el tiempo. Tan lento como tus manos amasando con cariño el pan. Y yo, observándote, sentada en el sofá, desde donde puedo verte cantar en la cocina. Porque nuestra casa es diminuta, pequeña, al igual que nuestros corazones, que se hacen grandes cuando nos damos la mano. Y si aparto la mirada, las agujas del reloj vuelan. Si no te miro, la piel me envejece. Casi que se para el tiempo cuando mis ojos se dirigen hacia los tuyos, y es por eso que nunca dejo de mirarte. Hubo un tiempo en el que el hecho de yo observarte, te ruborizaba las mejillas, podía parecerte incluso extraña, esa loca que reconstruías como a un puzzle. Esa maníaca que solía estar aferrada a una experiencia de duelo constante, por perderse a sí misma y nunca encontrarse. La que hallaste gracias a un cartel pegado con medio metro de cinta en una farola perdida en la noche.

Se busca espíritu perdido, y no lo tiene Caronte.

Fuiste mi guía, y ahora eres numen.
Apareciste sin más, no hubo apóstol que te predicara.
Apareciste metáfora, y te quedaste como realidad.

Son crestas papilares

esas líneas en las huellas de tus dedos que
tanto me sé de memoria.
Con más curvas, con más espacios, con más paradas
que todos los mapas;
cualquiera que exista en este mundo
y en los demás, los de otras galaxias
o agujeros negros.

Ruedas, motor, incluso aletas;
son mis besos, y con ellas
hay caminos entre tus manos que transitaré
hasta que muera.
Si me dejas.

Tan trémula la piel
solo con sentir las yemas de tus dedos,
entre todos mis huecos.

Porque tú y yo nos deslizamos como la resina,
en un hilo que burbujea, irregular
cruzando el asfalto hasta un jardín
donde mojamos tierra para hacer crecer las raíces.

Había un viento tan intenso
que hacía volar tus cabellos,
como lo hace con las plantas del Amazonas.
Te recuerdo allí sentada
cerca del muelle, con las manos llenas de conchas vacías
como cuando tú me recogiste, y mi alma,
solo estaba llena de lágrimas, y nada más.

El mar resonaba furioso detrás de tu espalda,
la espuma nacarada
competía con el brillo de tu piel
sonreías, con el vigor de una niña
que ha recogido decenas de tesoros
y la certidumbre de que las pisadas de tus pies,
que borraba el agua,
quedarán siempre marcadas en nuestra historia.

Sabemos que no hay más efimeridad que la propia existencia.

Nada dura para siempre, todo existe hasta ser nada. Quizás lo que permanece eternamente es la muerte, hasta que se borra. Hasta que se pierde entre las palabras, y se olvida. A ti te solía asustar esa cosa tan efímera que es estar juntas.

¿Y si un día se acaba? ¿Y si un día ya no me besas por las mañanas? ¿Y si un día dejas un vacío en mi sofá?

Preguntas que nadie, tan siquiera yo, puedo saber la respuesta. Ese *y si* podía borrar toda sonrisa, toda calma. Y yo te decía:

¿Y si me coges de la mano, que no apriete, y que no afloje, pero que siempre esté unida a la mía? Que si muero será con tu nombre grabado en mi corazón, y el sabor de tus labios en mi boca.
Yo no sé nada, y lo sé todo; porque sé que te amo.

La lluvia recorre
estos tejados del color de la arcilla
humedece el musgo, y desborda los canalones
como lo hacía el río que recorre tu espalda,
dejando que me bautice de un agua tan cristalina y dulce
que no necesitaba beber más nada.

Miro el cielo tras la ventana y, aunque está nublado,
los rayos de sol que atraviesan las gotas me colorean las
mejillas,
y eso es
porque estoy pensando en ti.

Me inspiro
en las hojas que el viento enfría,
tras una ola de polvo que las cenizas
del amor desprenden
y tú me preguntas siempre
que por qué solo pienso en las flores,
y en la hierba, y en todos los árboles también.
Y yo te respondo la única verdad que sé hasta ahora,
que cuando de una raíz sale un lirio, los pétalos anaranjados,
e incluso rosados, reflejan en mis ojos los días de verano
en los que la piel era la única ropa.
Y que un tronco, no es más tronco por las líneas de su corteza,
sino más arcaico, o más sabio quizás.
Que todo lo que la naturaleza ha visto es mucho más
de lo que yo seré capaz de ver,
como tu cabello despeinado al amanecer
cada día, aunque ya no esté a tu lado.

Me provoca bastante envidia, a la vez admiración.
Porque la naturaleza es como esa diosa que lo envuelve todo,
pues nadie puede competir contra su aroma
ni su mirada transparente
infinita.
Y si algún día me dejaras, que sea por ella
y no por otra.

Ay amor
que de tus alas salen flores
y bajo tus uñas nacen cantos.
Pisabas el puente de madera sin tambalear
toco la guitarra a tu son, con llagas en los dedos.
Cada tecla del piano suelta un humo somnífero
sereno
hermético.
En un hilo de voz, recitas un pasaje,
entre el amor y la esperanza.
La que sostienes, y el que ganas
cuando decides pasar la noche en casa.

Quiero respirar
quiero respirar
de tu boca
si no
prefiero ahogarme.

Sin ti, querida, te digo que no existe el mar
ni tampoco el horizonte
ni todos los charcos que pisan las niñas alegres.
El globo no tiene bordes, son caídas en picado
donde solo los más suicidas se atreven a mirar.
Escondes tulipanes de colores, tras los besos de tus labios
y allí nacen los arcoíris.

Sin ti, se apaga el maullido, el sonido del río y la luz
de la luna.
Con el cabello revuelto y las pestañas húmedas
como el rocío por las mañanas,
esbozas una tímida sonrisa y el sol ilumina tanto
que tengo que entrecerrar los ojos,
y de golpe lo puedo ver todo;
la arena, la tierra, las hojas verdes, las hadas, los gnomos
y las sirenas incluso.

Porque el mundo no existe sin ti,
y sin ti, no existe el mundo.
Tampoco.

Sin ti no existo yo.

Hay algo escondido
en los huecos de la poesía, que engancha
y arrastra
muchos de los monstruos que se alimentan
de mis tinieblas.
También hay tantas cosas inexplicables escondidas
en las ramificaciones
del color de tus ojos.

¿Cómo te lo explico?

Si me encuentro por las noches en una cama vacía,
rodeada de sueños y pesadillas,
elijo poesía para espantarlas,
y elijo tus ojos para cumplirlos.

Déjame bailar
en tus hoyuelos cuando sonrías.
Llévame a kilómetros de donde me persiguen las sombras.
Abre esa caja que tanto cierro con llave,
y convertiré tu nombre en mi contraseña.

Puedo abrazar la agonía

como a ti te abrazo, y cerrar los ojos
para escuchar las gotas de lluvia deslizándose
por el vidrio del ventanal,
que es mi cabeza.
Y así con un trapo tú las secas.

Está bien, dejarse llevar, caerse, sonreír
o encogerse
el pecho.

Está bien porque te tengo a mi lado
y las dos podemos sentir y *desentir* lo que nos plazca.
Porque compartir mi vida contigo no sólo significa
duendes felices yendo a por leña para calentar su hogar
o algodones de azúcar en un puesto de la feria
no
también son tormentas de otoño
glaciares derretidos
cohetes que alzan el vuelo, y caen a mitad de camino.

Claro que es así.
Tú me repites, cómo sería de aburrido
el minimalismo y las cosas cuadradas
las cajas vacías y las paredes sólo blancas.

Porque podemos llegar a ser el ímpetu del adolescente
y la tranquilidad del anciano
el amor de una madre que lo acaba de ser
y el dolor de un hijo abandonado.

Cielo y suelo
adoración y cólera
melancolía y fortuna
podemos, y ese poder ser
es lo que más esperanza.

Porque por fin, contigo, puedo formar parte de un *somos*.

Voy a escribirte bonito, para que no te vayas y las farolas de mi calle dejen de parpadear, ausentes. Se me llena el corazón de luciérnagas si me besas de verdad y me susurras al oído, insaciable. Quiero escribirte bonito para que las palabras no desaparezcan como olvidadas, el papel y la tinta las haga eternas, y así tú recuerdes, cuando la memoria falla, que siempre te he amado.

Hipotermia

la dejé de lado
cuando enceraste mis alas, como las de las mariposas
que destruyen y esparcen las gotas del aguacero.
Solían caer como una bola pesada
directas desde más allá del cielo, rompiendo mi fragilidad.
Ahora me sostengo con la firmeza de tus besos,
superficie hidrofóbica.

Si alguna vez te extraño
te busco en un recuerdo
en una palabra entre el viento y el tejido que
asemeje tu piel.
Y me llora la tinta que me hace escribir
para nunca olvidarte.

A veces vuelvo al pasado y
no se me ocurre nada, y de no ocurrírseme nada
se me escurre todo.
Me cae sobre los hombros, me recorre la espalda baja
hasta los tobillos,
impregna el suelo y así se convierte en un charco,
espeso, a veces de amargura,
y otras de incertidumbre.

Soy solo yo, la que decide si vivo o muero, de amor o de tristeza.
Soy sola yo, una mazmorra y, a la vez, esa llave que la abre.
Y tú, que eres tú, sin ser del todo mía,
y yo, siendo entera en esa pradera que solía ser mi alma, árida.
Y sigues siendo tú, la que pone las flores en el alféizar,
solo por si acaso, se me olvida el olor de las rosas
y no supiera volver a casa.

Cómo te lo digo;
que tú eres el sol y yo soy la lluvia
donde nace nuestro arcoíris.

Cuando me dices
que no quieres mostrar debilidad
y que la fuerza te adormece y desgasta
hasta no querer mostrarte a los demás.
No te escondas, nunca
aprieta fuerte contra mi espalda, te voy a sostener.

Yo te digo, amor, que si de tus cicatrices y grietas salieran flores
las olería con fuerza hasta quedarme sin aliento.
Quererte es algo más que necesitar u obtener
es dedicar cada minuto a crecer acorde a tu altura
aprender a caminar por la cuerda floja
con nuestros pies muy juntos
y fantasear lúcidas para conseguir cualquier sueño.

¿Sabías qué?

Lo que no te cuentan en los cuentos es que
el más allá existe,
donde el papel es tu cuerpo y la tinta son mis labios.

Y así, escribimos libros hasta quedarnos sin páginas.

La lluvia nunca empieza siendo lluvia
antes ha sido mil cosas
calima, vapor, cristales, espuma, hielo, gases, agua
sólida, líquida, subterránea, salada
alcalina, salobre, destilada, gris, mineral, dulce, superficial
antes pudo ser cualquier cosa hasta llegar a caer
antes fue elevada, enfriada
resguardada en las nubes, con miedo, pavor
hasta ser lo suficientemente pesadas para caer.

Precipitación, no como precipitarse,
sino esperar, a pesar de transitar por diferentes estados
y haber podido ser muchas yo
en un tren que viaja en velocidades intermitentes
donde los pasajeros sonríen, y también gritan, o patalean
cuántas cosas habrá visto la lluvia
antes de caer sobre el preciso terreno
uno llano, estable, discreto
con alguna pendiente, otros adoquines
y más allá pequeñas rocas.
Pero nunca irregular.

Cuántas lluvias habré pasado hasta encontrarte
no lo sé.

He sido tanto, hasta dejar que tú me empapes
y ahora, a pesar de tener la ropa mojada,
nunca siento frío.